PROTESTATION

ADRESSÉE

PAR LES CHIFFONNIERS DE PARIS,

A M. GISQUET, PRÉFET DE POLICE,

ET PUBLIÉE SOUS LA RESPONSABILITÉ

DE FANFAN LALLUMETTE.

C'est vous, ô chiffonniers pervers,
Par qui la France
Hélas! est en souffrance;
C'est vous, ô chiffonniers pervers
Dont les chiffons ont perdu l'univers.
Fou DERNEUX.

PRIX : 50 c.

PARIS.

CHEZ LES MARCHANDS DE NOUVEAUTÉS.

1832.

PROTESTATION

ADRESSÉE

PAR LES CHIFFONNIERS DE PARIS,

A M. GISQUET, PRÉFET DE POLICE,

ET PUBLIÉE SOUS LA RESPONSABILITÉ

DE FANFAN LALLUMETTE.

C'est vous, ô chiffonniers pervers,
Par qui la France
Est en souffrance;
C'est vous, ô chiffonniers pervers,
Dont les chiffons ont perdu l'univers.
Feu DEBRAUX.

PRIX : 50 c.

PARIS,

CHEZ LES MARCHANDS DE NOUVEAUTÉS.

1832.

UN MOT D'AVANT-PROPOS.

———

Comme le lecteur serait peut-être étonné d'entendre un chiffonnier s'expliquer avec autant de facilité que je vais le faire, ce qui le porterait à croire que le nom dont se trouve décoré le frontispice de cette brochure est au moins apocryphe ou sans grande importance dans le monde littéraire, je dois le dissuader en l'initiant aux mystères de mon individu; je dois extirper le passé du fond de mon mannequin, où je l'avais enseveli. M'y voici.

Je suis bien, comme je l'ai avancé, Fanfan Lallumette, fils d'un mousquetaire du même nom, et d'une beauté, ma foi, fort honnête, à ce que disait un brimborion de papier que l'on trouva sur moi au moment où je fus porté en nourrice..... Je suis bien Fanfan Lallumette, présentement chiffonnier, mais autrefois clerc de notaire, rien que ça.

Ma mère, que Dieu préserve du choléra, si elle existe encore, m'avait placé, ainsi que je viens de l'insinuer, dans une maison où l'on ne refusa jamais de me promettre tout ce dont j'avais besoin. Ce fut là que je grandis jusqu'à l'âge de sept ans sans que rien de bien remarquable ne s'opérât en moi, si ce n'étaient cependant mon esprit et ma gentillesse, dont chacun admirait à juste titre l'heureuse précocité. Enfin, ce fut dans cet état de choses que l'on me désigna un jour pour aller, avec trois ou quatre de mes camarades, coopérer au tirage de la loterie (c'était toujours notre maître de pension qui fournissait les enfans employés à cette cérémonie). Je m'acquittai de mon rôle avec tant de finesse, je déployai tant d'intelligence, que l'un des spectateurs me remarqua et voulut bien me prendre chez lui. C'était un notaire fort distingué, qui fit banqueroute quelque temps après; mais je n'en avais pas moins reçu, pendant plusieurs mois, ses spirituels principes, et voilà pourquoi, aujourd'hui, je me trouve en état de rédiger une protestation qui doit être d'une grande utilité à tous mes confrères, dont je n'ai embrassé la profession que par désœuvrement ou par plaisir, mais que je défendrai jusqu'à la dernière goutte...... d'encre que je trouverai chez l'épicier.

Maintenant que j'en ai dit assez pour prémunir mes lecteurs contre la surprise que pourrait leur causer la manière avec laquelle j'ai traité les hautes questions politiques et savantes, qui font la principale base de mon épître au préfet de police, je n'ai plus que quelques mots à leur adresser. Je les prierai donc d'acheter chacun plusieurs exemplaires de cet ouvrage, attendu qu'on peut l'offrir indistinctement à un ami le jour de sa fête, ou à une belle dont on veut faire la connaissance.

Vale, lector.

Traduction pour les dames :

J'ai l'honneur d'être votre très obéissant serviteur.

1er, 2e et 3e jour d'avril 1832.

SALUT ET FRATERNITÉ

A VOUS, MONSIEUR GISQUET,

TRÈS AMÉ PRÉFET DE POLICE.

Nous, les soussignés, chiffonniers, dûment au-torisés et numérotés d'après les ordonnances et ré-glemens d'un bon nombre de vos devanciers, réunis en assemblée extraordinaire rues Saint-Denis et Saint-Martin, les jour, mois et an que dessus, avons arrêté que la protestation suivante vous serait pré-sentée, aux fins d'en obtenir une réponse analogue à nos intentions, sauf par nous, dans le cas con-traire, d'en appeler devant un tribunal compétent, c'est-à-dire à ceux qui s'intéressent à la prospérité de tous, et principalement à celle de notre indis-pensable et trop dédaignée industrie.

Et, d'abord, nous posons deux choses en prin-cipes, le droit et le fait. Le droit, c'est la permission qui nous a été donnée d'exercer une profession re-connue; le fait en est la conséquence, c'est l'exer-cice même. Voilà, je crois, de la logique.

Or, si vous donnez le droit d'exercer, pourquoi nous en retirez-vous les moyens? Vous nous répondez :

« Paris est une ville dont l'assainissement doit
« êfre porté au plus haut point de perfection ; une
« société s'établit pour remplir ce but ; et, tandis
« qu'elle ramasse toutes les boues que vous laissez au
« pied de chaque borne, elle enlève les chiffons que
« vous y cherchez, c'est-à-dire qu'elle prend le bon
« et le mauvais ; c'est, il me semble, très naturel.
« Vous objectez à cela que je vous coupe les vivres.
« Il est bien question ici d'une petite fraction du
« peuple parisien, quand toute cette population est
« attaquée par un fléau qui pourrait l'anéantir,
« sans les mesures préservatives contre lesquelles
« vous osez vous élever ! Ingrats, vous ne voyez pas
« que c'est à l'intérêt général que j'ai dû sacrifier
« votre industrie ! Pensez-vous que le gouvernement
« paternel sous lequel vous avez le bonheur d'exister,
« n'ait pas pesé tous les petits désagrémens que le
« monopole qu'il accordait allait vous faire éprou-
« ver ? Non, vous n'en croyez rien, mais il a compté
« sur votre prudence et votre amour de l'ordre, au-
« quel doit concourir tout bon citoyen. Braves sol-
« dats de juillet, vous ne démentirez pas la belle
« conduite que vous avez tenue dans les mémo-
« rables journées ; il est parmi vous des ennemis de
« la patrie, qui, sous le prétexte frivole de la faim,
« cachent l'espoir coupable du pillage et du massa-

« cre. Mais le sentiment de vos devoirs triomphera
« de leurs manœuvres criminelles. Abandonnez-les
« au châtiment qui les attend si force reste à la loi.
« Livrez-vous paisiblement à une nouvelle branche
« d'industrie, le Roi vous en remerciera et la France
« aussi. »

Ce qui nous fait vous dire :

Il vous est bien facile de nous caresser en nous
écorchant, trop aimable préfet du juste-milieu; vous
avez peut-être des raisons pour cela, ainsi que pour
effrayer les badauds avec votre choléra, qui n'existe
que dans la peur; car jusqu'au moment où il vien-
dra m'apporter le bonheur de ne plus pouvoir lire
vos ordonnances, vous me permettrez bien de croire
que ce n'est que l'assaisonnement d'une grosse bou-
lette que vos amis les ministres vont bientôt jeter à
leur limier, ou, si vous l'aimez mieux, au peuple.

Cependant profitons de l'existence supposée de ce
fléau pour vous adresser un reproche de plus. N'a-
vez-vous pas dit dans tous vos rapports, qu'il choisit
particulièrement ses victimes au sein de la pauvreté?
que le seul moyen de s'en préserver est d'acheter
du chlorure et de se tenir le ventre bien garni de
flanelles et de comestibles? Nous croyons comme
vous que ce dernier point est un antidote à la ma-
ladie dont vous nous parlez, ainsi qu'à toutes celles
qui atteignent chaque jour un corps usé par les pri-
vations, mais nous donnez-vous la faculté de la

mettre en pratique, lorsque vous laissez une nouvelle administration nous enlever le pain que nous
demandons à la boue? C'est en vain qu'il vous plaira
de dire et d'imprimer que son service n'a rien d'a-
larmant pour notre industrie, puisqu'il ne doit avoir
lieu que pendant la durée du jour; ignorez-vous que
les ordonnances de vos prédécesseurs nous interdi-
sent le droit de rester plus tard que minuit dans les
rues? Ainsi, n'ayant rien à faire depuis le lever du
soleil jusqu'à son coucher, il nous sera permis de
travailler, lors de la belle saison, pendant trois
heures sur vingt-quatre ! Peste! quelle sollicitude
pour vos administrés, monsieur le préfet! Encore,
si notre industrie était aussi lucrative que la vôtre,
nous n'aurions pas trop de quoi nous plaindre, mais
notre misère et le budget sont là pour attester qu'il
n'en est rien.

Nous éprouvons ici le besoin de vous faire une
petite question dans votre propre intérêt et pour
l'honneur de la France. On vous accuse hautement
d'avoir confié la nouvelle exploitation des immon-
dices à des mains anglaises.*. Si l'on ne parlait que
de l'effet, nous ne pourrions que vous approuver,
car les nations étrangères sont bien dignes de remplir un pareil emploi chez nous; mais l'on se donne
la peine d'en chercher la cause, et l'on vous sus-

---

* Je lis à l'instant dans les feuilles publiques une lettre du titulaire de
cette société; il est Français, puisqu'il le dit, mais il ne parle pas de ses
associés.

pecte d'intention ; quelques-uns prennent vos inté-
rêts à la vérité , mais le plus grand nombre revient
toujours à la charge avec les fusils-Gisquet ; alors ,
vous concevez que la balance penche de certain
côté ; nous pensons que pour lui rendre un peu de
son équilibre, il ne faudrait rien moins qu'une
bonne explication sur ce point ; mais si vous en
êtes aussi avare que vos amis les ministres, il est à
présumer que nous l'attendrons en vain.

A propos de ministre , nous allons vous adresser
une seconde et dernière question. La peur du choléra
leur tiendra-t-elle ainsi qu'à vous encore long-
temps ?

Nous avons lu dans quelques journaux que l'armée recevrait double ration de vivre pendant toute
la durée de l'épidémie en question ; or , comme il
ne nous reste plus guère de ressources que dans l'état
militaire , et que nous ne serions pas fâchés de pro-
fiter des bonnes dispositions du gouvernement, nous
voudrions savoir si elles doivent se prolonger assez
pour nous donner le temps de refaire nos estomacs.

Ne croyez pas cependant qu'un esprit guerrier se
soit tout à coup emparé de nous ; car elle est guer-
rière votre armée , témoins Lyon , Grenoble , et
Paris ; au contraire, si beaucoup d'entre nous vous
offrent leur service , ce n'est que dans l'espoir d'un
prochain désarmement, car vous l'acheterez , nous
n'en doutons pas, Alger le paiera, et......

Mais nous voilà lancés dans une discussion politique, et nous oublions le principal sujet de la délibé-ration qui nous à mis la plume à la main ; hâtons-nous d'y revenir :

Nous protestons contre tout réglement ou ordonnance qui tendrait à entraver le libre exercice de notre profession.

Nous protestons contre toute volonté qui n'est pas celle du peuple.

> Suivent dix mille signatures et autant de croix en signe d'adhésion.

Le Chiffonnier.

Air : Qu'il est donc beau, etc.

REFRAIN.

Quel bonheur d'êtr' chiffonnier :
Contre l' pus bon ministère
Ou l' pus beau trône d' la terre
J' chang'rais pas mon chos' d'osier!

J' veux pas êtr' roi, nom d'un chien ,
On dit qu' ça vous rend tout bête ;
J' s'rais capable d'en perdr' la tête,
Et c'est risquer tout pour rien.
Quel bonheur , etc.

J' s'rai pas non pus monseigneur ,
J' sais pas faire d' protocoles ,
J' n'ai jamais eu deux paroles ,
Et je n' connais pas la peur.
Quel bonheur , etc.

Dans l' vas' des grandeurs, jamais
Je n' boirai jusqu'à la lie ,
J'y trouv'rais l' sang d'Italie
Et celui des Polonais!
Quel bonheur , etc.

J' tends parfois à l'indigent
Un' main queuqu' peu secourable ;

Mais du pauvr' contribuable
Je n' vas pas dîmer l'argent.
Quel bonheur, etc.

Si d' nos quatr' cents députés
J' n'augment' jamais la milice,
Peup' je n' suis pas leux complice
Quand y vend'nt tes libertés.
Quel bonheur, etc.

Y traq'nt la population,
Ceux qui s' lanc'nt dans l' ministèr.,
Pour faire un jour tout l' contraire;
Moi j' reste avec la nation.
Quel bonheur, etc.

C'pendant ça n' s'rait pas mal fait
Si j' possédais d' la puissance,
J' pourrais signer l'ordonnance
Qui destituera l' préfet.
Quel bonheur d'êtr' chiffonnier :
Contre l' pus bon ministère
Ou l' pus beau trône d' la terre
J' chang'rais pas mon chos' d'osier !

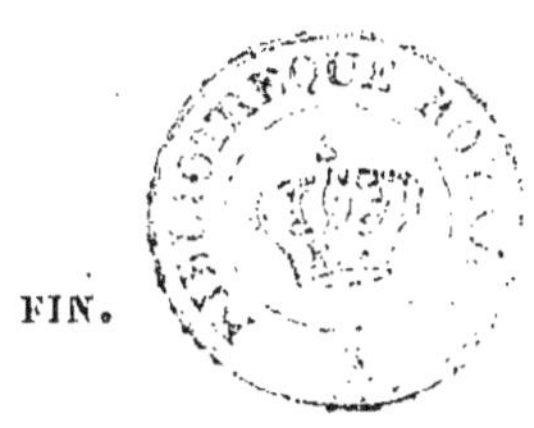

FIN.

Imprimerie de Poussin, rue de la Tabletterie, 9.